JN440782

단풍이 있는 풍경

허복조 시집

함께할 수 있어
幸福합니다

허복순

단풍이 있는 풍경

예술의숲

시집을 펴내며

인간관계의 흔적을
스을쩍
문자로 숨 쉬게 하려합니다.

지면 위에 톡들의 소리
다시금 나를 돌아보며

2020년 겨울에
허 복 조

목 차

1부. 소소한 즐거움

2부. 웃음의 열매

3부. 벚꽃 피는 봄, 님 그리며

4부. 흐르는 냇물처럼

5부. 꽃말에 기대어

6부. 한 번은 詩처럼 살고 싶어

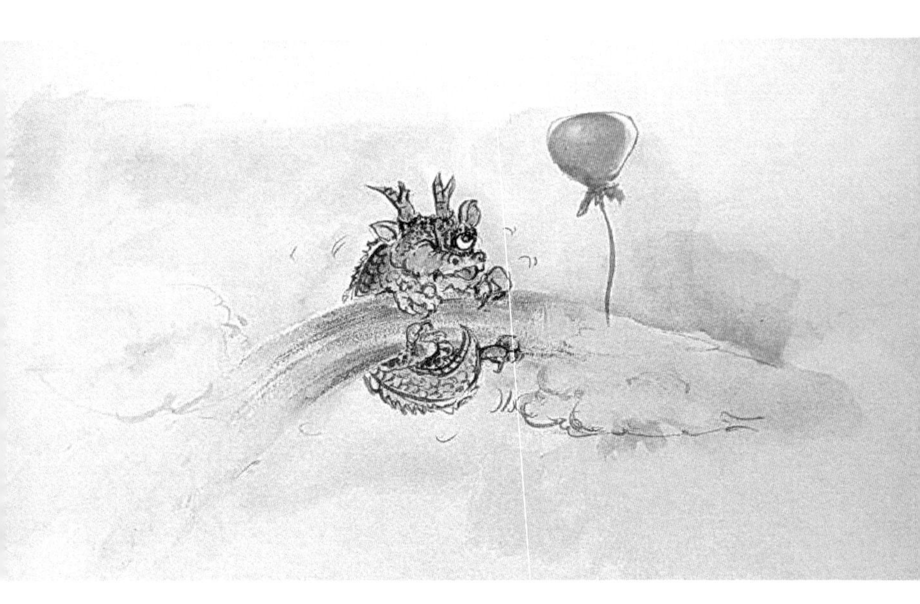

가을과 겨울이 공존하는 이유를 찾으러 갑니다.

1부. 소소한 즐거움

왜, 우선순위인가

잠시 호흡을 가다듬는다
세상이 평등할 수 없듯이
우리의 각기 다른 사고는
그 어떤 사실을 이해하는 시점에서
우선순위가 정해진다

변화하지 않았던 소통의 고리
놓쳐버렸던 시간들을 찾아낸다
모든 것은 다를 수 있다는
확신의 물꼬를 터 줘야할 때다

자신의 당당한 몫을 위해
생각을 챙길 수 있는 힘이 생기기까지
우린 따뜻한 말로 그들의 아픔이
강력한 무기가 아닌 사랑 그 자체란 것을
키 큰 해바라기 뙤약볕 아래서
눈 맞춤을 기다리고 있다

꽃비와 작은 봄의 대화

창틀을 핥는 비에
떨어져 날아드는
꽃잎들 몸을 떤다

편히 누운 방, 피어오르는 온기
무심히 천정을 응시하다
어둠속 알 수 없는 안타까움이 인다

잠시 밤바람이라도 셀까
아니면 제 역할 끝낸 꽃비에게
가슴이 기억하는 작은 봄 달라고 할까

수많은 언어들, 슬픔의 이파리들을 흔들어 깨운다
거친 숨결, 거친 맥박으로
영혼을 헹구는 빗소리 기억해 낸다

창밖 꽃잎들 내린다

단풍이 있는 풍경

그리움의 연장인가
보고픔의 연장일까
이제 화폭으로 옮겨가는 기다림의 미학
비움 없이는 텅 빈 가슴 채색할 수 없다

속박의 경지 벗어난 자만이
품어낼 수 있는 저 절묘함
바람이 옴켜쥔 자리 한 폭의 풍경된다

물빛 길과 나눈 정, 물빛에 취해
오색물감 염원 달고 가을행 기차에 몸을 싣는다
올랑올랑 수놓으며
삼각관계가 되는 풍광은
자연이 주는 나눗셈이다

나이 듦도 하늘이 빚어 낸 걸작이려나
잔잔한 햇살 푸름을 물들이며
쏟아낸 최후의 만찬
황혼은 그리울 거란 말을 남기려
풍경소릴 찾아 길을 나선다

시간여행

붉은 장미가 아무리 어여뻐도
인품의 꽃은 따라잡을 수 없네요
바람 불 때마다 한 잎 한 잎 땅을 향하는
꽃잎, 뚫어져라 쳐다보며
묵은 이야기와 동행합니다

저물어가는 햇살이
아름답게만 느껴지는 것은
노을이 고와서 만도 아닐거에요
석양과 함께 번지는 자연의 애잔함이
누군가를 시인으로 만들어서 그럴거에요

차 한 잔 나눌 수 있고
'소리 없이 내려앉는 시간'을
그리움으로 승화시키는 지금
황송하다 못해 눈물이 덜컥 비치네요
시간여행을 통해 과거, 현재, 미래의
따뜻한 감성들이 다가와 말을 건넵니다

어둠이 있어 별빛이 피어나듯
꼭꼭 접어 다시 피어나는
오월의 향기 “인도몬순 말라바 AA”
맘껏 사랑하며
맘껏 취하렵니다

들판을 따라 이어진 봄날의 색채들
진초록 빛깔들로 사방을 챙깁니다
또 한 번 서둘러 흘러가는 시간 앞에
생명을 달아줍니다

어제는 이미 흘러간 날이지만
오늘은 내가 만들어갈 수 있는 날
내일은 꿈과 희망이 웃는
깨어남의 공간을 밝히렵니다

건조한 시간 틈에 머물며

가지들의 앙상함이
침묵하는 하늘 향해
지난날의 화려함을 독백한다
'한때 나도 잘나가는 청춘이었다고'

가슴 가득 차 있는 욕망
해결해야할 많은 문제들
이제 다 내려놓고 건조한 시간 틈에 머물며
세속 속에 기웃거리는 나를 봅니다

우리만 초대한 줄 알았는데
탱글탱글한 멋진 사내들이
줄줄이 알사탕이었으니,
덤으로 정면도 볼 수 있었으나
그 정도 가지고는 모를 수도 있지요

하나의 공간속에 터 잡은
시간이 새겨주는 인상착의는
생각의 옷을 재단해 수줍음으로 마중오겠지요

그리움이 고개 든다

스쳐지나가는 계절의 빛깔들로
대형 스크린이 펼쳐졌다
자연을 상영하는 영화관
걸어서는 볼 수 없는 비경이다
철둑길에 늘어선 가을
햇살 한줌 행복을 조율한다
억새와 갈대 햇살과 부딪치며
마음 깊숙이 들판의 정서 입힌다

빨갛게 익어 누운 저 요염함
좋은 친구 만난 듯
굳은 관절들이 맘껏 기지개 펴
삶의 만족도는 급상승이다

가슴 스미는 그리움 고개 들며
짧은 호흡으로 한마디씩 건넨다
우리 삶, 매순간 아픔 절약하며
머리는 하늘로 네 발이 아닌 두 발로
해와 달과 별들의 이야기에 우리 삶을 보태자

인연

설레임의 연장
'오천 병째의 커피'는 저에게도
특별한 의미로 다가왔습니다
커피의 황제와 마주하며
입 안 가득 머물고 있는
향에 취해 감동의
눈시울을 적시고 있습니다

"積小 成大"
한문을 보고 짐작 했지만
정확히 알고 싶어
사전을 펼쳤습니다
'작거나 적은 것도 쌓이면 크게 되거나 많아짐'
한 병에서 시작해 여기 닿기까지 9년
그 체온과 촉감 꿈처럼 다가옵니다

사랑을 베풀 수 있는
사랑을 나눌 수 있는
그 마음

그 손길에 탄복하며
'인연'이란 단어에 움츠렸던
향기를 찾았습니다

쏟아질 듯한 삶의 연결고리
마음을 밝힙니다
인생이란 게, 알다가도 모를 일이 있다더니
이제야 철이 드나봅니다
나눔의 기회를 확연하게 접한 지금,
이 한 잔이 생각을 익어가게 하네요

햇살보다 따스한 손길
나의 전부가 휘발되는 지금,
마음이 움직이고, 감정은 느낌표를 달고 나섭니다

가슴에 와 닿네요

오늘 따라 그 앞에서 나도 모르게
진정한 바보가 되고 싶은 바보

눈을 감고 나를 돌아봅니다
나보다 못한 놈이라고
함께 할 가치가 없다고
콧방귀는 뀌지 않았는지
살아오는 동안
사람의 마음을 헤아리려 노력은 했는지

나만의 편견에 젖어 산 시간
따스한 눈길로도
상대를 움직일 수 있다는 사실을 알면서
외형만 보고 판단한 부끄러움
얼마를 더 살아야 공감능력이 생기려나

책장 넘기는 소리
어렴풋이 들려옵니다

평범한 사람이 행복할 수 있는
그 곳에 날개를 달아 놓고 싶습니다

빛바랜 나무들이
소리 죽이며 비를 맞습니다
고요와 적막 속에 깊은 숨을 쉽니다
이파리들에게 가려
진즉, 볼 수 없었던 가슴 속 시름들
마침내, 그 시름 맑은 눈으로 내답니다

여심

한번쯤 마주친 것 같은 묘기 대행진
누굴 닮았나, 어디서 보았나
폰을 돌려보고 세워도 본다
아무리 봐도
수컷의 서러움이 한 폭의 수채화다

마음으로 파고드는 진한 몸부림
왜, 저 너머에서 찾으라 하니
누군가에겐 추억이
누구에게는 아픔이 될 수 있기에 애만 타지

구름아, 찬바람 기웃거리는데
이런 모습으로 대들면 곤란해
아무리 자유의 몸짓이라곤 하지만
온갖 허물 덮으려 속살 내보이며
여심 흔들면
감금 1년
가볍지 않지

소소한 즐거움

그리움이 고개 듭니다
말라버린 플라타너스 잎도
닫힌 마음 열고
성찬이 펼쳐질 시간을 기다립니다

끝물의 침묵 깨는 색채 속에
힘찬 날갯짓으로
가슴으로 와 안기고 있는 각시멧노랑나비
연노랑 날개에 붉은 점의 귀한 모습
제게 선물로 주셨군요

그 자리엔 없었지만
한 쪽은 나인냥
평온한 스케줄 속
기쁨과 보람 찾으며
조만간 원재료가 무엇이었던 간
목젖을 적시며 소소한 즐거움 누려요

쉼표에 머물다

구름 따라
바람 따라
어디론가 떠나고 싶은 무채색의 리듬
도시를 점령하며 사람을 혼란스럽게 하네요
주룩주룩 내리던지
찔끔찔끔
이런 날은 선생님들과 함께 간
육거리시장의 그 전집이 그립네요

일에 지쳐 있을 때
"쉬어가며 하라"는 따뜻한 말로
자리를 만들어 흥을 돋워 주시던 임은
어느새 하늘의 새 별이 되셨네요
가슴에서 키운 세월, 그 흐름 터득하고
영원한 휴가를 떠난 고인이
오늘 따라 더욱 그립네요
2019 숫자를 내리기 전
이리 귀한 소식 주시니

인생에서
우리 삶에서
무슨 말이던 귀담아 들어주는 편안함
공감 가는 목소리는
쉼표 안의 머묾처럼
흐뭇함이었죠

행복을 전하는,
행복을 나눌 수 있는 시간이야말로
지금이라는 걸
기억의 용량이 점차 줄어들어도
삶의 의미를 되뇌며 오늘을 저장할게요

이별의 보람

신맛은 약간 있어도
그 상큼함 입안을 떠나질 않아요
한라봉 까고 난 뒤 손끝에 머무는 향
직접 까보지 않은 사람은 모를 거에요
맨날 입만 벌린 사람은 더 모르지요

물 끓는 주전자에 껍질 넣으니
향기로 존재감을 알려요
그 향 다시 태어나 또 주변을 제압해요
오는 손님들 보글보글 끓는 주전자 보며
"어머나, 향이 좋아요" 하며 흐뭇해하네요

계절 없이 끌려 나온 노오란 열매
벗은 껍질 새 이름으로 거듭나
어느 순간, 홀연히 몸속으로 자리하니
기침 가래 몸 둘 바를 모르고 조용해요
재탄생은 놀라운 힘이 있어요
나무에서 분리된 아픔, 드디어
또 다른 기쁨 물어다 안기네요

일출

동해의 반란이다

서쪽 산 너머로 홀로 지는 달빛보다
바다 끝에서 당당하게 올라
수평선의 눈 맞춤으로
일상의 과녁을 맞히는 저 찬란함

나의 두 눈으로 만난
은밀한 솟구침은 반전의 혁명이다

메말랐던 감성이 함성 지를 때
붉음을 내뿜으며
삽시간에 몸집 불리는 공간의 주인공
나이 들어도 이 자리에서의 만남 만큼은
18세 소녀가 된다
엑스레다만 있고, 브레이크는 없었던 세월
거스를 수 없는 내 나이를 부정하는 건 아니다
허나 추억이 묻어 있는 이곳
해변을 거닐며 소녀적 꿈을 오늘도 그린다

빨간 입술의 아픔

'영원한 우정을 다짐하는
우간다 6월의 커피'가
부드럽게 나를 다독인다

선택하신 '유월의 시'
온유의 힘으로 끌어
숨 가쁘게 살아온 오늘을
보상 받을 수 있는 이 시간

흰 구름 한점
석양에 겹겹이 걸터앉아 반기고 있습니다
몇 번을 읽어봐도 가슴 뭉클한 행
따뜻함을 챙기게 하는 연
거기에 부연되는 해석

아~
이리 행복할 수가
"3500만 년을 쉼 없이 걸어온 장미"
엄청난 인연이었네요

이제 초록의 호흡 속에 줄기 뻗어
담을 타넘고 죽지죽지 고개 내밀어
피어내는 저들의 미로 찾기
몸매와 향기에만 취할 줄 알았지
그 이면의 힘듦을 읽지 못했어요

유월이 가기 전 수없이 피어내는 열정
바람 불때마다 서로 확인하며
발아래 쌓이는 향수를 기억하려
빨간 입술 위에 또 다른 입술 포개며
가슴 뛰는 길을 나섭니다

등 뒤에선 꽃잎 흩날리는 실루엣을

입담 좋은 노을

"포근한 정 꼭지 틀어놓고 기다리신다니"
마음 열려 설레입니다

붉어가는 가을빛에
영혼을 맑게 해 줄 '이슬'까지 준비하셨다니
텅 빈 가슴 채우는 데는 최고의 명약이지요

구름 위에 걸터앉은
입담 좋은 노을이 들려주는 진한 이야기에
한데 어우러져 주거니 받거니
양껏 내놓겠다는 다양한 메뉴

선택할 수 있는 여유, 맘껏 흥에 취하려
그대 부름에 시침을
두 바퀴가 아닌 세 바퀴로 늘려 놓고
밤이슬 젖은 풀 향 피워 내리다

2부. 웃음의 열매

부엉이의 유혹을 누가 말려

겨울 바다

철썩대는 파도 위 운무로 가려진 달이
저토록 아름다운 것은
부끄러이 내민 자신에게
여백을 둘 수 있는 넉넉함 때문인가

어깨에 얹힌 삶도, 오늘 만큼은
내면의 무겔 덜어내며 슬픔을 털어낸다
슬쩍 귀를 열고, 고통 속 생명을 불어 넣는
그들의 소리도 듣는다

파도와 벗하며 허공을 지키다
영문도 모른 채 검푸른 심줄 따라 나섰다가
선택의 여지도 없이 돌아온 하얀 모래들의 허탈
거친 파도는 상처투성인 포말을 앞세워
울음 삼키며 달빛아래 잔물결로 흔들린다

웃음의 열매

팔월의 커피가 전하는 감동의 맛
인도네시아 '아체 가요마운틴'의 향기를
온몸이 취가 나도록 느낍니다

가요족 농부의 아름다운 마음을
느낄 수 있는 지금 이 순간
세상 무엇과도 바꾸고 싶지 않은 현실 앞에서
이해인 수녀님의 시 "열매"를 가슴으로 안습니다
"내가 아파서 흘린 눈물 뒤에는
인내가 낳아주는 웃음의 열매"

이 열매가 한 잔의 커피로
내 손에 안길 때까지의
기나긴 여정 떠올리며 입술을 적십니다

"하얀 커피 꽃이 피고 꿀벌이 날고
꽃잎이 떨어지면 빨간 체리 안에
녹색커피 생두가 반짝"
햇살이 떠다미는 힘의 양을 답니다

일 년 농사가 그대로 그려집니다
날씨가 약속하리 만큼 따갑네요
이 따가움이 있어 느닷없이 덤비는
바람의 고마움도 알게 되지요

삶은 상처에서 피어나는 시간의 가치
멋진 열매로 성큼 다가와 웃음을 수확합니다

연애편지

깨침의 세계가 이제야 보입니다
시간이 지날수록 그대의 존재가 더 깊이 들어와요
어떤 가치 있는 일을 할 때
보람의 의미를 찾을 수 있는지
먼동이 밝아오듯 미래는 꿈을 보태는 자의 몫이라고

역시, 행복이 따로 있는 것이 아니였군요
볼 수 있고, 들을 수 있고, 말할 수 있고
내 발로 걸을 수 있으니
삶의 칸칸이 기쁨이오, 행복인 거죠

우리 살아가는 동안, 정작 가슴 뛰게 하는 일들은
몸은 비록 힘들어도 삶의 색깔이 다르지요

세계와 이웃에게 희망을 나눌 수 있는
버팀목이 된다면
오늘을 살아가는 이유 중의 이유겠지요
언젠간 우리가 바라는 현실이
눈앞에 설 것이라 믿어요
'지구는 아름답다'는 또 다른 이름으로 말입니다

멋진 가장

모든 위기는 갑자기 찾아오지 않아요
외롭게 만들지 말아야겠지요
우리가 한 발 양보하고
신경질 나고 짜증나지만
상대의 이야기를 자르지 말고
끝까지 들어주고 고개를 끄덕이자고요

말이 통하지 않아도, 통하는 척 시늉이라도 하며
사기를 북돋아 주자고요
모든 것을 잃었다 해도 건강과 의지만 남아 있으면
다시 시작하면 돼요
길고 외로운 다리
혼자 건너지 않게 기를 살려줍시다
그러려면 우리의 노력도 필요하겠지요

다시 행복에 젖을 수 있는
멋진 가장으로 거듭날 수 있는 것은
무엇보다 관심과 사랑이겠죠
다음 모임 땐 칭찬 두 가지
흉볼 건 한 가지만 챙겨요 인생 만만하지 않잖아요
이름만 대면 알아주는 사내와 산다는 것이
그리 쉬운 일이 아니잖아요
주홍빛 노을만 허공을 향해 눈을 껌벅이네요

가을 안에 걸작품

태양의 재빠른 붓질로 앞다퉈
가을 옷 입느라 정신없어요
바람 불 때마다 잎들의 부딪치는 소리는
정신을 더 못 차려요

무리 속에 붙어 붉어진 잎
살포시 얼굴 되면
그 잎, 꽃이 되는 감나무
자연의 포근함이 우선순위를 정해줘요

가을바람에 쫀득함의 대명사 곶감
제철만나 아삭함으로 몸집 불리는 단감
가을 햇살을 맘껏 사랑한 홍시 일가
햇살과 바람이 빚은 걸작품 앞에선
누구나 한 번쯤은 발길 멈추게 하죠

풀섶의 늙은 호박도 홍시를 만나려 몸매 가꿔요
웃음꽃으로 11월을 챙겨주는 못난이들도
마무리 하는 가을에 업히려 몹시도 분주합니다
어느새 자연의 본색은
찬바람 부는 들판을 걸어가고 있어요

갈대의 동행

눈에서 시작해서 가슴으로 끝냈습니다

긴말 하지 않아도 상대를 배려하는
풍성함이, 이 가을에 머물게 합니다

갑자기 '생텍쥐페리의 어린왕자'가
머리 한가운데 자리합니다
인간이든 동물이든
좋은 관계가 유지된다는 것은
혹은 좋은 관계를 유지하기 위해서는
정성과 시간이 필요하다는 말이 맞습니다

가을빛이 좋아 추억 여행을 떠나는 남자
바람을 타는 갈대가 동행하길 원합니다
바바리코트 깃을 세우지 않아도
가을 너머의 감각까지
끌어안은 모습 읽혀지네요

시월이 아름다운 이유

뜨거운 햇살로 가득하던 여름도
구름에게 업혀 가는 해질녘 황혼처럼
어느새 가을이 꽃밥상에 앉아 익어갑니다

들판의 오곡백과 누군가의 손길을 기다린 듯
뜨거운 한 잔의 커피
'인도몬순 말라바'가 제 삶에 길동무가 됩니다

시월이 아름다운 이유에 한 몫하셨습니다
가을만큼 진한 애잔함이 인도의 커피 역사와 함께
입속을 헤집고 다닙니다

풀빛이 갈 빛으로 짙어가며
쏟아 내는 소리가 유독 크게 다가옵니다
어느새 짧아진 햇살 시원한 바람에게
길목을 지켜 달라 부탁하네요

찬바람도 이제
내 마음 차지하는 비율이
높아가는 듯 난, 말없이 서서
가을 익는 모습 노을에 담습니다

자연이 사람에게 무르익은 빛깔로
함성을 지르다가 아직은 제철인 냥
떠나지 않은 색채들의 용기
나의 젊음도 이쯤에서 머물러 주길 욕심내 봅니다

소풍

두 물이 합쳐지는 양수리 두물머리
각각의 물길로 만나
서로 다름을 인정하며 인연 이어간다

노을이 풀어놓은 대합실
자연에서 배우는 울림은
묘한 색깔로 다가온다
누구를 만나느냐에 따라
삶의 널뛰기는 달리 보여진다

인생에서 빚어내는 수많은 소풍은
삶에 지친이의 마음 달래며
휴식이라는 긴 벤치를 찾게 한다
녹녹한 가을에게 우린
수화물 꼬리표를 달았다

밤풍경

초승달 거기에도 떴군요
별도 벗하는 이 진풍경
마음이 따뜻해집니다
산허리에 누워 서로 마주보며 지켜주는 듯
어둠들이 다정하게 속삭입니다
창밖의 나무를 마주하는 몸짓
또한 하나인 듯 아름답습니다

맞바람 맞으며 찬란한 불빛의 형태들
이스트 먹은 빵처럼 부풀어
유혹해 달라 떼창하고 있습니다
시월의 마지막 밤
달력 귀퉁이에서 쉴 곳을 찾은 듯
눈이 호강하는 밤풍경 안고
감탄사로만 숨을 쉽니다

"지금도 기억하고 있어요, 시월의 마지막 밤을"
이용의 '잊혀진 계절'을 나도 모르게 흥얼대고 있네요

인생처방전

'여자는 나이와 함께 늙어간다고'
천만의 말씀입니다
새로운 것을 알려고 노력할 때 얻는 기쁨
'긍정적인 마인드'로 삶을 다독여나갈 때
나이는 숫자에 불과하지요

들녘 끝 벙글어 가는 추억들이 숨 쉬게
주파수를 고정시켜요
우리 세상이 되게요

만날 때까지 더 아름답고
건강한 모습 지닐 수 있도록
흔들리지 말고 나이를 지켜요

여독은 하루만 풀고
수다가 '피로회복제'란 것을
우린 익히 알고 있지요
우린 보았잖아요

또 다른 세상

그리움 호젓이 심어져 있는 밤

밤은 깊어 더 진한 가을로 가는 길목
저문 만큼 밤의 색깔은 한 몸으로 안기려 하네요
이 밤 욕망도 잠재우고, 모두를 내려야 하는데
난 아직도 일터에서 또 다른 세상이 있는 것처럼
안달하는 시간을 채워갑니다

불빛 한줄기 위로를 건네 오네요
입가에 핀 잔잔한 미소
그만하고 가자고 눈치 줍니다
미련이 남지만 흔적을 지우려 소등합니다

임박한 유효기간

내일이면 밤낮의 길이가 같다는 '추분'
공습해오던 폭염은 아직은 당당한 듯

가을을 중심으로 걸어오는 하늘 냄새
단풍의 웃음소리도 우리 곁에 있겠지요
빨강반의 유년시절 쌓아놓은 추억들이
오늘 새삼 크게 다가오네요

세상사 모든 것이
내 뜻대로 된다면 얼마나 좋겠어요
조금씩 서로를 이해하고 양보하는
아름다운 나이 듦을 대지는 아는 듯
한줄기 시원하게 내린 비를 모두 흡수하네요
그러고도 언제 내렸냐는 듯 뽀송뽀송하구요
우리 삶도 고추잠자리 날갯짓을 보며
꿈꾸곤 했는데

요즘 난, 기억이 나의 몸을 통해
하나씩 떨어져 나가고 있다는 게
무척이나 슬프더라구요

어쩌다 기억과 마주하는 순간은
그래, 그래, 그랬었지 하며
깊숙이 숨어 잠자는 나의 내면에 희망이 생겨요
묵은 비망록에 영글어 있는 나의 사람들
돌아본 세월에서 놓쳐선 안 될 일들의
유효기간이 다가왔음을

하늘 빛 푸른 바다

아직 떠나지 못한 장마가
가을장마까지 합세해 여기저기서 튀어나와
농민들의 애타는 마음 가중시키고 있네요

'풍요로운 해변'이라는 뜻을 가진
'코스타리카 따라쥬' 유기농 커피를
따라주는 사람이 있어
함께 마실 수 있는 기회를 욕심내어 봅니다

햇볕을 쬐다가 만난 신비한 맛 혀끝, 혀 안으로
코스타리카의 속살을 만난 듯
이 부드러운 감칠맛에 바람을 베고 누워봅니다

하늘 빛 푸른 바다를 충분히 담아
코스타리카 해변을
가장 많이 노출시킨 비키니를 입고
세월을 한껏 당기는 꿈을 꿉니다

멀쩡하던 하늘이 몰고 온 구름
비를 예감하려는 찰라
더위에 주름진 짜증들을 씻어 버릴 위력으로
한차례 대지를 향한 엇박자가 펼쳐집니다
공중 쇼도 볼만합니다

나의 단꿈을 방해하며
뜬금없이 찾아온 이에게
타놓은 '따라쥬'를 밀며 마셔보라 권합니다
킁킁거리며 고개 숙인 채, 냄새를 들이키는 모습
코스타리카의 진실은 통했습니다

세상이란 수레바퀴

함께하는 식사자리 음주는 선택
'만국공통의 마약'이라 불리는 신비의 액체
그 액체의 힘, 물로 보면 안 되지

'술이 없었으면 인류문명도 없었다' 외치며
죽어도 고고
참으로 어리석은 짓이라
다음날 일어나서야, 무엇이 먼저였는지를

한군데씩 통증이 더해 갈 때
아뿔싸,
되돌릴 수 없는 병명들
고스란히 대가가 지급된다

순간의 기억이 상실되는 현실에 부딪쳐도
술 실은 수레는 예나 지금이나 구른다

좋아서 한잔 반가워서 한잔
슬퍼서 한잔 스트레스 받아 한잔
가야 할 늦가을

꼿꼿하고 싶지만 꼿꼿할 수 없는 애수에 젖는다
대지는 촉촉함으로 정적을 보탠다

삶의 희로애락
저 빗속에 내려앉히는 위력
포개진 빗방울 머뭇되며 던지는 한마디
'이 빗방울 모두 술이기를 원하냐고'

낙엽과의 시간 싸움은, 잠시
술꾼들 정신 차리시게나!
거리와 입맞춤으로 운명의 짝을 찾고 있는
비오는 화요일 밤
새로운 술꾼,
가
슴
설레는
주인공처럼
세상이란 수레바퀴 돌린다

더錦山

신라시대 신문왕 3년 683년
원효대사에 의해 보광사를 짓고
보광산이라 불렀다

이성계가 저 굴 속에서
기도를 통해 조선왕조를 개국하게 되자
그에 대한 보답으로 '보광산' 전체를
금으로 두르겠다는 약속은 했는데 어이하랴
어디서 그 많은 금을 구하랴
비단금자를 써 '錦山'으로 부르게 해
약속을 지켰다하니
태조 이성계를 도운 인물의
지혜야 말로 시대를 넘나든다

전주이씨 효령대군 22대 손 ○○○
말을 부드럽게 하는 기술만 줘어준다면
그에 대한 보은으로 다시금 錦을 한 겹 더 입혀
'더금산'으로

말을 조근조근 부드럽게 하면
뭔가가 안 선다는 낡은 사고를 가진 남자
지금도 조선시대 왕족인 냥
착각하고 사는 남자
퉁명스런 어투가 몸에 배어
귀 간지러운 말은 쑥스러워 못한다는 남자

판단컨대 말본새를 뺀 나머지는
전반적으로 잘하는 편이라고 인정한다
헌데 말로 다 까먹으니
매력이라곤 흔적조차 없지
이런 남자가 부드러운 말 쓰기에 도전한다면
그의 노후는 눈부시도록 아름다울 텐데

아직도 '더금산'은 어디에서 헤매고 있는지
언어를 초기화시킬 수 있다면 가능할까

낭만충전

봄,
여름이 지나고
의식과 무의식의 교차를 수없이 반복합니다
거죽부터 달리한 색채들의 향연
잠깬 베란다도 놀라 만남을 서둘러 주선합니다

가을 시작을 보는 색의 조화
바람을 타고 노는 모든 게 추억이 된
우리 삶의 의미를 읽습니다
창밖의 가을을 바라보며
한 폭의 그림 같은 사진과 노래 감상 잘 했습니다

각자의 색을 입은 하늘이 비를 머금고
고된 삶을 쏟아낼 듯 주변을 맴돌고 있습니다

이럴 때 따끈한 차 한 잔 죽여주지요
물 끓여 살짝 식혀 머그컵 가득 찰랑찰랑 부어
새악시 걸음 슬로우 슬로우로 자리해
한 모금 한 모금씩 입에 물어 정성을 넘깁니다

3부. 벚꽃 피는 봄, 님 그리며

달 밝은 밤 누굴 기다리나

꽃샘추위

햇살도 버거워 제멋대로 안기는 시간의 무게
고운 연둣빛 저 너머에 슬며시 내려앉아
이렇게 나를 적시고 있다

앙증맞은 몸매에 깃든 작은 우주
봄꽃들 빗장 풀다 놀라 온몸 여민다
내감은 기운 따라
바람 한 묶음 봄의 품속을 찾아든다

햇살 아래 조심스레 내민 몸짱들
숨 쉴 틈 없이 파고드는
봄의 중심에 서서 그 흐름 부어가며
자유로운 영혼이 되고픈 이 녀석을
경매에 내 놓는다

가을의 몸짓에서 겨울이 공존하는 이유

여태 자연과 동화되는
단순 노동으로 시간 보내고
늦은 시간이지만
한 잔의 커피를 마시기 위해 자리에 앉았습니다

창밖 어둠을 타고 비치는, 베일에 가린 가지들
안쓰럽긴 해도 생명이 있어
맘 건네니 위로가 됩니다

때가 되면 떠난다는 걸 알면서도
온몸 붉게 달군 초록의 흔적과
낙엽이 자취 감추는 걸
모른 척 하고 싶은 내 마음 읽었는지
빈자리 대신할 고독이 먼저 왔네요

몇 년째 다달이 거르지 않고
마음 담아 내려 보내 주시는 커피
서로에게 위로가 되는 시간 공유하며

깨어남의 공간 안에 촘촘하게 짠 그물망 터트리며
골고루 스며드는 맛과 향 누립니다

잔가지 사이로 조는 듯 몸을 맡기며
성큼 다가온 계절
스모크 커피의 대명사
'과테말라 안티구아' 커피와 함께
사랑의 대본을 읽습니다

가을의 몸짓에서
겨울이 공존하는 이유를 알아냈습니다

텔레비전 속 정치인

보얀 솜털 띤 어린 것에 바람이 머문다
세상을 향한 기대로
온몸 고추 세우려는 희망은 그대로 두고
수줍은 듯 살짝 고개 숙인 것과
막 차렷 자세 취한 것은 꺾는다
최상의 상품으로 새로운 만남을 위해서다

아차, 시기 놓쳐 머리 치켜들고
도도한 것은 꺾어서 버려야 한다
상처 속 고통 또 다른 아픔 통해
새 생명으로 태어나기 위해서다

서로 잘났다 대드는 텔레비전 속 정치인
꺾어 버리고 싶은 고사리 같다

온 종일 뜨겁게 달궈진 밭둑사이로
바삐 저무는 석양빛
밤새면 우우 올라와 있을 저들의 무지한 열정
하늘은 머물러 있는 시간을 원하지 않는다

벚꽃 피는 봄 님, 그리며

이제 벚꽃이 몸매를 제대로 내보였군요
햇살 사이를 흐뭇한 마음으로 돌아왔네요
또 다른 기다림의 연속은 아름다움 되어
'김영랑'을 그리워합니다
모란이 피기를 기다리면서요

진달래 향 그리워
봄앓이 하는 소녀 같은
감성이 도지는 지금
산고의 고통이 있었기에
봄은 아름답나봐요

"영변에 약산
진달래꽃
아름 따다 가실 길에 뿌리오리다"라는
진달래 꽃잎 한 잎 물고
봄의 정취
한 컷 추억으로 남깁니다

조상숭배

시대 흐름을 거부하는 우리 집
아직도 밤 12시에 제사 지낸다
아들에게 축 읽는 거며
족보 공부시키느라 신난 남편

벽에 걸린 혈통 표지 계보도를
하나하나 짚어가며 물 만난 고기
책꽂이 좁다며 안보는 책 버리자고 하던 아들
"족보는 보지도 않는데" 했을 때
화낸 이유를 알겠단다

아들 꼭 낳으려고 했던 이유는
"제삿밥 얻어먹으려는 게 아니라
떠난 후,
후손끼리 만남의 계기를 만들어 주려는 거란다"

난 41년간 명절과 시제까지
연중 열 차례 4대 봉사 했지만
그런 깊은 뜻이 있을 줄

투덜대는 아들이
“그럼 나도 아들 낳아야겠네”
관심을 보인다

“울 엄마 대단하다
마흔 둘에 나를 낳아
제사 지낼 아들 생겼으니”
허릴 굽히고 땅에 엎드리는
또 다른 의지

이 밤
깜박이는 촛불
한참을 아들과 함께 바라본다

괴테를 떠올리며

지친 일상들이 '쉼표'를 찾아
어디론가 떠나고 싶은 꽃피는 춘삼월
개구리가 나왔다하고
복수초도 얼굴 내밀며 발길 잡는데

3월 커피의 대명사 '콜롬비아 슈프리모'
삶의 깨달음에 스위치가 켜지듯
따뜻함이 온몸으로 전해집니다

봄 햇살 받으며 찻자리 펴, 여유로움
취할 수 있도록 하늘과 조정해야 되나봐요
오후엔 미세먼지가 걷힌다는 뉴스는 접했는데
그때까지는 못 기다릴 것 같지요
일단 꿈처럼 다가올
향과 맛, 누려야 될 것 같습니다

책상 위에 커피를 앞에 두고
박사님의 손길과
커피를 사랑한 '괴테'를 떠올려 봅니다

부처손

녹음 스며들며 햇살이 장독대 위 부처손에 앉는다
조막손 몸매 단장으로 매무새 고치고
뜸들이며 펼치기까지 한나절
불타의 자비인 냥 신비의 모습 가득하다

외면하고 싶은 간밤의 정면 조크
바람이 다가와 하는 말 '쥔장이 겁나 게으른가 봐'
아님 관심이 없던지 벌써 사흘째 굶기면
말라비틀어지지, 무슨 힘으로 버티라고
'지 새끼 사흘 굶겨 봤냐고'

자꾸만 오그라드는 작은 비늘 잎
부처손이 말대답한다
부득이한 사정이 있겠지만
'사흘은 양호해 열흘도 우릴 굶겼거든'
그래도 우린 우리의 의지대로 버티고 살아 있어야 했어
목마름과 그 적막감 오뚝이 같은 삶으로 말야
낯익은 물소리 오감을 흔든다

꽃잔디의 고백

꽃잔디 세상 맨 아래 있다
나비 날아와 앉자
쏟아지는 봄볕
빈자리 메꾸어 간다

햇살 좋은 양지쪽에 앉아
버려진 기억들 돌아보며
세상 시름 나눈다

반복되는 패턴
지치고 힘들었던 이야기
걸림 없이 쏟아내도
부끄럽지 않게 다독여 주는 손길
하얀 꽃잎에 머문다

구름 몇 조각 환하게 반긴다

녹빛 물감 푸는 손

감춰놓은 색상들의 침묵
제 몸매 내놓지 못해
기웃거리는 몸짓, 낯설고 어설퍼도
자연과 연결고리가 있는 한
목이 마른 새순과 사람은 하나 되어
통통 살이 오르겠지요

봄바람과 맞잡은 손에서
이제는 또 다른 물감을 풀고 있네요
추구하는 삶의 진실이 통한 듯
저 들판의 푸름은 방아깨비처럼
고개를 끄덕이네요

다각도의 시선

선잠에서 깨어난
바람이 살짝 분다
호흡 가다듬으며 세상이 온통 초록빛이길 바래본다
오늘은 특수학교 방문이다
장애와 비장애 다르지 않다는 것을 인정하는 시간
아직도 먹먹함이 인다

그 차이를 이해하면서도
특별한 사람처럼 바라보는 다각도의 시선들
이들의 삶에 있어 현실을 이해하려 한 적이 있는가
가끔 창밖을 바라보면 구름에 떠다밀려
예고 없이 쏟아지는 빗줄기를 만난다

때론, 우리 인생도 예고 없이 찾아드는
한편의 드라마가 아닐까
내가 선택한 길이 아니기에 더 슬픈지도 모른다

비상할 날개도 없는
저들을 두고 내내 생각에 젖는다
무언지 모를 부끄러움도 함께 젖는다
지금, 별이 머무는 곳에 앉아
서로의 꿈을 나누고 싶다

거기 주인은 바로 너

봄의 언어들로 붐빈다
봄볕 한줌에 나는 수다쟁이가 되어
꽃들과 말을 섞는다
색깔과 개성이 비슷한 풀벌레들과 눈높이 맞추며
상식 밖의 상식으로 나만의 놀이를 즐긴다

나비 한 마리 나를 보며 날개 치는데
갑자기 쑥스러워 몸을 움츠렸다

검붉게 바짝 야윈 몸매지만
뻗어 나아가는 길 넘어질 일 없다며
또 다른 창조 위해
몸부림치는 너를 보며 풍경 속 주인이
'바로 너'라고 들려준다

우주의 질서를 알리려 슬며시 다가온 자리
저문 해 봄볕을 달래며 씨익 웃는다

나도 좋은 친구 할래

나야말로 지식도 지혜도
저 아래 칸에서 놀고 있으니
딱이다 따악

개성의 옷을 입고
존재감을 강조하지 않아도
함께 있다는 사실과
서로의 눈빛만으로
생각의 방향을 알아차릴 수 있으니
파란 하늘에 뭉게구름이랄까

어깨 위에 깃든 포근한 정
따스한 손길로 어루만지니
온 몸이 햇살아래 젊음을 불러들인다

쏟아지는 햇살에 마음 펴 널며
우린 서로에게 달작지근한 생명수로 젖는다

울 엄마의 목소리

'우짜꼬, 우째 그리 변했노'
단풍 나뭇잎 날개 달고 바람에 날아가듯
훌쩍 떠나가 버린 7년

모습을 보여주지 않으시더니
어찌 아셨을까 나의 근황을
천상엔 최첨단 장비가 있나보죠
생전의 그 구수한 경상도 사투리로
나를 염려하신다

'아이고 야꼬
아프면 안 되는데
우짜면 좋노
아픈 건 이 에미 다 주고 고통에서 언능 벗어나
그 옛날처럼 활기차게 살그래이
사람이 변할라카이 그렇게 변하나'

'엄마 엄마아, 가지마요
오늘 하루만큼은 당신 품에서 쉬고 싶어요'
당신의 숨결엔 포근함이 있어요
이제 엄마의 체취 벗 삼아 위로하면 살게요

사진 한 장

오랜 세월 끌어 올린 저 도도한 자태
한 잎 한 잎 떨궈낸 흔적
가슴 저미며 뒹굴었을 아픔의 상처였을까

아닐거야
자신의 성장을 내보이며
긴 시간 피어낸 몸부림
세상의 모든 경계를 꽃물로 들여
향기를 바람에게 쥐어준다

옷깃에 스친 숨결
피사체의 대상되어
정열을 불태우는 몸짓에
또 다른 세상의 풍경 된다
한 장의 기록으로 베일 펴
철지난 밥상에 우린 흙수저로 가지런히 놓인다

오픈 준비

쉼 없이 준비한 봄, 땅 내음의 부름을
거부하지 못한 채 자연 그대로 문을 연다

희소식이다
지난겨울 관리 부주의로 억눌린 것들이
얼굴 내밀며 왈츠 출 상대를 찾느라 바쁘다
반짝이는 햇살도 덩달아 바빠진다

전통을 선호하는 세상
까칠한 바람 피해
향나무에 몸을 맡긴 채, 육각형 전통방식으로
거미는 신혼집 짓느라 바쁘다
'주객이 전도'라 여친들이 먼저 찾아들어
잔치 분위기 살린다

산뜻함을 껴안은 귀인들의 발자국 소리
가깝게 들려오는 긴 호흡
푸른 심줄들의 함성 아름다운 선율 되어
절구통에 비친 달과 함께 봄을 연주한다

어느 봄날의 찬란했던 순간 부엉부엉 짝을 부르며

4부. 흐르는 냇물처럼

수문장의 위력

라일락 향기로 채우는 골목 안
34년 한자리 지키는 수문장이 있다

빛살을 등에 업고도 눈부신
스테인리스 스틸로 만들어진 대문
양 날개 접고 또 접으면 포용력 있는 주차 공간
상황을 정확하게 판단하고
주민들 불협화음 단숨에
기지개로 해결책을 내놓는다

대문 앞에 멈춘 발자국 웃음 누르면
라일락은 휘파람으로 에둘러 다독이고
남천나무 생글되며 어서 오라 답한다
어깨 위에 깃들인 바람
오늘 하루도 수고했다고 속삭인다

우리도 한 가족 아름다운 형제愛
수문장의 가치가 진가를 발휘한다

말이 없다

터진 단을 꿰맨다
한 땀 한 땀 정성을 쏟는다
그런데 너무 느려 올 여름 아니 내년
이 바지 입을 수 있을까

눈가 슬픔이 실제 슬픔보다 앞선다
야위어 가는 두 볼에 파르르 떠는 86년
견뎌온 인내 흔들리는 한 폭의 주름치마

“딸 많이 낳았다고
‘니 뱃속엔 찢어진 것 밖에 없냐며’ 구박 받았는데
딸이 많아 좋다”

요즘 밤이 두려운 눈치다
아무 말도 못하고 눈 감을까 봐
“무슨 말씀 하시고 싶은지 저한테 하세요”
묵언 속, 침묵 항한 숱한 사연, 한편의 무성 영화다
가슴속 오열 빗물 되어 튀어 오른다
숨도 멎은 듯한 애틋한 하루가
떠나질 못해 서성인다

오늘

꽃단장 마치고 떠난다

기댈 수 없는 지지대
믿고 의지하며 오르던 언덕
손짓하는 햇살을 나란히 둘러메고

고개 너머는
꽃이 피는 곳도 있다고는 하지만

·
·
·
·
·

이공일삼공구이오

이만치에서 손 흔든다

하얀 웃음

오월 아침 단비에
얼굴 털며 일어나는 하늘나리
생의 순간들을 우아함으로
나팔 불며 장단 맞춘다

열흘 전 뿌린 맨드라미 씨앗
가슴 부풀어 싹트는데
그 옆 조팝나무
해맑은 얼굴로 언제 커서
꽃피울 거냐며 하얗게 웃는다
설렘을 방해하는 훼방꾼

내가 서 있을 자리

시간이 실타래를 푼다
방정식을 만든다
나는
앞으로의 세계를 향해 서서히 마중 나간다
영육간 탑 쌓으며 층계 오르고
뜀박질한 나의 삶 돌아본다

중천을 지난해는
은은한 여운과 품격 담긴
노을을 그리고 있다

내 마음의 팔레트에 이제 어떤 색들을 짤까
이제 어떤 그림을 그려야 할까
사람과 사람간의 희망 색으로
서두름 없이 천천히
햇무리 만들어 우리 서 있을 자리
아름다운 황혼 그리며 함께 넘는 것이다

새로운 존재 방식

5월 푸른 달에 만난
"키티 오메라"의 詩
「사람들은 집에 머물렀다」란
이 시를 통한 마음 나눔
시기적으로 너무나 적합하네요

현재의 상황에선 우린 너, 나 할 것 없이
참으로 연약한 존재이기에
자신의 그림자를 만나며
내면과 묵상의 시간을 통해
"삶은 동사가 아니라 감탄사로 살아야 한다는 것을"

새로운 삶의 존재 방식 배우며
자신과의 아름다운 대화를 하듯
지구와도 풋풋한 대화를 나눠봅니다

모두가 치유되는 삶의 현상소, 움츠렸던 몸을 털자
병들었던 지구는 완치 판명으로
모든 이들의 어깨에 날개를 달고, 가고픈 곳으로 훨훨

머묾에게 하고픈 말

남풍을 불러올리더니 어느새
세상을 누비는 바람으로

완연한 봄이 전해지는 순간
향내에 취해 머묾을 달라 졸라봅니다
그 머묾 안에 이 세상 먼저 살다간 친구가
촉촉한 눈빛으로 차를 마시고 있네요

달콤하게 톡 쏘는 커피향에 발길 챙기라는
'이음 팩토리'
꽃잎 한 잎 한 잎이어
어여쁜 송이가 되는 그 불빛에
따스함 쬐렵니다

내가 꽃잎이 되고픈
내가 꽃잎이 될 수 있는 그곳
그림 속 주인공이 된다면
난, 꽃잎에 앉은 봄날 되어
채도 높은 녹색으로 이음에서 머묾을 푸렵니다

지상의 행렬

봄볕한줌 노랑 바다
지상의 행렬이 이어진다

초록치마 빨강저고리
옷고름 헤치며 유혹해 온다
가쁜 숨 몰아쉬며
춤사위 벌리는 벌, 나비들

고독했던 가지 끝에 매단 새 생명
끝없이 흔들리는 수만 가닥의 낯설음으로
외로움 벗겨낸 이 봄

자연은 쉼 없이 꽃들에게 말을 건다
금낭화 복사꽃 보고 동색이라며 함께 가자네
진분홍 복사꽃 몸 달궈 노니는 선남선녀 부른다
저 그림 세상과 마주하는 기쁨으로 소통한다
꽃들의 웃음소리 행렬이 이뤄지네

사랑의 기쁨을 연주하는 너

그리움은 온통 서정시의 풍경이다
자유롭게 풀려 있는 바람소리
내 가슴 설레게 하는 사랑의 기쁨 너에게 입힌다

그 모습 보고 싶어 가끔은 너를 향한 그리움으로
또 다른 모습의 변주곡을 연주한다

비바람과 햇살 산새소리와 맞바꿔가며
마음 곱게 치장하고 진달래가 된 너,
너만이 가진 감성과 낭만에 젖어
절벽으로 가는 줄도 모르고
돌덩이 사이에 끼어
그래도 좋아라 환한 웃음 짓는다

씨실과 날실이 짜놓은 화음

밑바닥에서도 당당하다
고요한 마음 들켜도
저마다의 빈자리에
씨실과 날실이 마음 담아 짜놓은 화사함

그냥 화사함이 아니다
낙조보다 곱다
봄날에 길게 스민 찰나의 아름다운
유혹을 못이긴 나비
한 땀 한 땀 수놓은 카펫 위
거만함 풀며 살며시 앉는다

핑크빛 물결, 서로의 눈빛으로
흩어지는 꽃잎까지 붙잡고 싶은
요염한 여인의 가슴에 부는 꽃분홍 바람
애증어린 시린 삶 화음 되어
음의 세계 넘나들며 음표의 모든 것 삼킨다

내일은 겨울의 터널을 벗어날 거야

일과를 끝내고 거울 앞에 선다
거울 속의 내가, 내가 아니다
향기 나는 삶의 여정은 어디로 가고
정수리에 스산한 흰 바람이 인다
높아진 눈두덩엔 세상을 올곧게 보는
면적이 좁아 있다

내려놓고 싶은 꽉 찬 프로그램
수없이 고치며 살아온 일정표
이제는 보폭을 달리하는 삶으로
'제대로 고쳐 실속 차리라고'
바람결에 위로가 온다
내일은 겨울의 터널을 벗어날 수 있을 거라고
위로하는 바람이 유달리 달다

비탈진 언덕길 내려오는 조심스러움
얼마를 더 지나야 평지를 만나려나
어느덧 저물어 가는 석양판을 향해
내가 어디쯤 와 있는지
찬비에 젖고 있진 않는지 혼자 중얼댄다
공감하는 노을은 슬며시 다가와 내손을 잡는다

조팝꽃 웃는 날 담장에 걸린 바람

팝콘 같은 꽃무리
하얗게 피어 있는 날
담장에 걸린 바람
씨익 웃으며 길섶을 지킨다

송이송이 웃음으로
행인의 눈길 잡고 발길 묶는다
햇살을 꼬드겨 향기를 나눠주려 바쁘다

가장 절정의 순간
그 옛날 노부부 자신인 냥
나눔이 얼마나 값진 것인가를
가슴으로 몰려드는 뿌듯함 살갑게 받아낸다

따습게 부풀어 담장에 걸린 바람
손잡고 걷는 손등 위로
가슴에 품고 산 젊은 날의 초상화가 있다

그대 내리는 밤

기쁨을 마중한다
바람 외엔 아무도 접근한 흔적 없는 고요로움
그대 내리는 밤 풀잎이 바람을 탄다
흩날리는 꽃잎에 쉼표도 안긴다

초록 잎에 앉아 삶의 밭 깁는
소중한 숨결로 행동반경 넓힌다
희망이 덩달아 발장단 맞추며
몰려오는 생각에 또 다른 홀박자 보탠다

생각이 숨 쉬는 생명의 언어
쉼 없이 흐르는 냇물 되어
그대 내리는 밤 새로운 희망 바래기는
또 다른 항해를 위해 길을 나선다

길 위에 슬픈 노래

그러게나 운동하는 사람이
운동 못한다는 것은 말 안 해도 알아
그렇게 추웠어도 따뜻한 봄날이 오는 것 보면
시간이 해결해 준다는 게 맞는 말이겠지
운동에 관한 것은 이제 기억에서 접어
아니 한동안 잊어

욕심은 채워도 채워지지 않는 '밑 없는 독'이야
모든 것은 생각의 차이고
건강의 몫은 자신과의 싸움이야

이렇게 타박거리며 걸어 나오는 햇볕 쬐며
무한한 삶의 조건들을 너에게 맞혀봐
두발로 걸어서 다니는 생각 해
너의 인생은 너 만의 것이 아니니깐
길 위에 슬픈 노래가 다시는 이어지지 않게

남겨진 몫의 설렘

무릇, 기억의 조각들로
간직하게 될 향기로움

봄꽃들이 얼굴 내밀며
웃고 있는 모습이 부러운지
바람은 기억들을 흔들어 댄다

창밖 비를 맞으며
빼꼼히 몸매를 자랑하는
돌단풍의 푸르스름한 기운
그대 손길을 찾아 나선다

계절을 친구삼아 함께한 시간
남겨진 몫은 언제나 설렘이다
이름을 정하지 않고 의미를 두는 것은
지워지지 않는 가슴앓이다

사랑하는 님도 아니건만

아~
오늘도 비와 함께 살고 있네요
사랑하는 님도 아니건만

이제는
외면하고픈
저 빗소리

무료한 오후
믹스커피로
달달함 나눠요

지금 이 시간이 웃을 수 있게요

신분상승을 위한 배짱

저기 있던
겨울 끄트머리가 난데없이 튀어나와
진눈깨비, 굵은 비, 찬 햇살을
제 멋대로 내보입니다

별꽃, 영춘화, 나도바람꽃이
앙증맞은 몸띵이로 맞서서 대듭니다
'작은 우주를 품고 있는데 무엇이 두려우냐고'

조화롭게 느껴지는 기운
촉촉한 바람 만나
잽싸게 대지를 감쌉니다

무채색을 벗은 몸짓
포부 키우며 방방곡곡
신분상승을 위해 고속 질주합니다.

더께진 삶의 열정은 아름다워

"의미 있는 순간을 음미"

나는
이 한 문장에 느낌표를 단다
바로 이거야
바로 이거

감미로움의 대명사
"너와 나 함께하는 음악이야기"
계절의 변화만큼이나
다양함으로 우리의 귀와 눈
마음까지 구석구석 선율로 안겨 놓는다

늦가을의 그 불빛, 어느새
따뜻함의 전용물 엄마를 그리는 품속이다
더께진 삶의 열정
행복한 옷을 입히며 생각까지 데워 놓는다

5부. 꽃말에 기대어

달 밝은 밤 꽃등불에 앉은
부엉이의 낭만 이야기

생의 온도

이 앞에선 비움 없이는 불가능했지요
차분하고 진지한 마음
조용히 둘러 앉아 눈빛 교환으로
마냥 시간을 쏟아도 아깝지 않다
쏟아 낸 시간보다
몇 곱절의 온기로
보람 안고 돌아오는 발걸음

몸을 감싸 안는 짜릿한 선율
체면술사의 마력이다
무언가에 홀린 듯 비어 있는 공간 속으로
노련한 음의 생명들이 살아납니다

깃털마냥 가벼웠다가
노을빛 한 채 젊어진 황혼처럼 황홀하다가
온몸으로 안기는 음의 세계
숨 가쁘게 살아온 음표들이
생의 온도를 높힙니다

그대는 카메오

명언 중의 명언,
지극히 맞는 말이로군요
모든 존재의 조화로움
삶의 질을 높여주는
이 시대가 찾고 있는 진정한 '카메오'

볼 때마다 행복한 기억들이 살아나고
됫박으로 주고 말로 받는 느낌이랄까
진정한 언어의 진미를 맛봅니다

말의 행간 안에 지구가 도는 원리처럼
인생은 사지선다형이 아니었습니다
인생에 정답은 없지만
그 길을 지혜롭게 찾아가게 하는
아주 짧은 시간 사람을 긴장시키네요

첫사랑과 교감을

'너의 모습이 어쩜 이리도 아름답냐'
수줍은 듯 살짝 감춘 저 요염함
너를 일으켜 봄기운 머금게 한
주변의 읊조림 이제 수줍음 되어
온통 보랏빛으로 감싸고 있다

'봄이 온 것을 즐기고 있냐고'
햇살이 토닥거리며 묻는다
뭐라 해야 가까울까 듣고 싶은 말에
몇 날을 잠 설치며 가슴 조였노라고 해야 하나

'사람을 취하게 하는 매력이 뭐냐고'
환한 미소로 아름다운 꿈을 빚는 것
그리고 눈길로 마음 나누는 힘이라고
난 뜨락에 내놓은 후리지아 향으로부터
마침내 제대로 된 인생을 배운다
젊은 날의 추억이 숨쉬는 12시 방향의
첫사랑과 다시 교감을 나눈다

얼굴도 모르는 엄마

얼마나 견디기 힘들었을까
그리워할 수 있었기에 그래도 행복한 걸까
네가 존재한다는 사실 때문에 더더욱 그리웁겠지요

초상화라도 그려 지니고 다닐 수 있다면
보고플 때 꺼내 푸념도 하고 응석도 부릴 텐데
헌데 아무도 엄마의 얼굴을
자세히 아는 사람이 없다니
누굴 닮아서라는 정도만, 맨살을 훔쳐보는
60여 년의 그리움 수많은 시로 태어났으니
삶의 색깔이 더 짙어 보이네요
비우고 버려도 엄마의 자린 더 커지지요

상여 나가는 날 누군가가 쥐어준
'눈깔사탕 빨며 좋아라했다'는 다섯 살배기
사진 한 장 없는 엄마, 얼굴도 모르는 엄마가
육십이 넘은 아들 곁을 밀물처럼 밀려오는
손길로 다독이고 있네요
아픔의 흔적을 모두 보듬으면서요

올해의 일등공신

구름이 양떼를 몰고
막 풀은 물감 속으로 들어가
털을 깎으며 공중 쇼를 펼친다
자연의 신비 이 모습 담으라며
하늘은 재능기부 한다
거대한 몸집 창공의 푸름 안으로
춤추는 하얀 바람 밀어 올린다
그리움을 따라 그리움 녹이며
하얀 구름 껴안고, 세찬 세월 속에
뒹굴고 놀았는데, 이게 웬 말이요

낯설은 불청객의 존재감
전세계를 초대형 마스크로 숨통을 막아버렸네
한 장의 마스크에 의존하는 숨 가쁜 현실
그 또한, 불구덩이에 던져져
만인의 고통과 함께 사라진다면
그대는 일상의 삶을 되돌려 받게 한
올해의 일등공신, 환경부가 주는 공로상의 수상자
인간의 잘못을 크게 짚으며 그은 한 획
깊이 반성하며 바람 부는 들녘을 따라 손 흔든다

킬리만자로의 만년설

서리꽃 유혹이 심한
겨울날, 이 부드러운 감성
'탄자니아 킬리만자로' 커피와 함께
뜨거운 김이 피어나는 잔을 두 손으로 감싸며
과거를 돌아보고 미래를 계획하는 현재에 선다

나는 아프리카 동쪽 해안을 거닐고 있다
사람들 속에 섞여 피어오르는
풍미와 향기를 온 몸으로 받으며
킬리만자로의 만년설을 꿈꾼다

'헤밍웨이'가 된 듯한 착각 속에
고통과 고뇌를 떠 올린다
다시금 '헤밍웨이'를 기리며 그 단편소설
'킬리만자로의 눈' 속 표범이 되고 싶다

"설령 죽음이 기다리는 정상일지라도
지치고 피곤한 육신을
잠시나마 쉬었으면 하는 바램으로……"란 말에

적극 동조하며 온기가 절로 느껴지는
시절 인연으로 다가갑니다

내 안의 또 다른 나를 만날 수 있게
들어주고 맞장구치며 함께 즐거워하며
또한 슬픔까지
마음으로 읽고 챙겨주는
따뜻함에 내가 앉아야 할 자리가 보입니다

따뜻함에 내가 앉을 자리가 생겼습니다

그림자를 기다림이라

오메오메 어짠다요 보고자픈 님들의
휴대폰 번호가 유혹하건만

난, 오늘 햇살을 짊어지고
매일 들락거리는 삶의 현장에서
'노가다'라 자칭하며
흙냄새 벗하려 내 집에 뿌리박고 싶은
화초들과 힘 겨누기 하는데
집밖을 나서야 볼 수 있는
봄을 생생하게 보여주는
그대는 아마도 봉사 점수가 높아 천당 갈 거요

난, 순풍에 돛단
그림자를 기다림이라 여기며
아우성 되는 그리움, 홍매화 자태에 마음 부풀어
서둘러 받아 들였더니 그 심정 안다며
철 이른 꽃잎 하나 살며시 날아와 안기네요

긍정의 힘으로

삶의 색채들을 조화롭게 이끈 생의 이력서
삶의 의욕을 위해 긍정의 힘으로 신나게 삽시다
빨랫줄에 빨래들이 춤을 추듯이요

오늘 따라 '조항조'의 노래가 크게 와 닿지요

사는 동안 반복되는 '뫼비우스의 띠'처럼
색색의 옷을 입고, 우리의 존재를 알려도
어차피 우리 가는 길은 정해져 있으니
덧없이 가버린 세월 탓하지 않고
흰 구름 사이로 햇살번지는
하늘빛이 아름다운 지금,
퍼질러 앉아 호들갑 떨며
남은 보이차나 마저 마십시다

널어놓은 빨래들이 춤을 멈출 때쯤
우리들 이야기는 소리를 메고
자신의 색채들로 물들겠지요

한 그루 버팀목 되어

이 세상의 아름다운 소리
잘 소화하고 철철이 변화하는 모습
함께 하는 것보다 더 든든한 버팀목은 없겠지요

산다는 것은 희로애락을 쌓아가는 것
빈 뜰에 그리움도 쌓고
마음 한켠 보고픔도 쌓고
누군가의 삶 속에
기억으로든 순간의 만남으로든
이제, 햇살 고운 꽃으로 피어낼 수 있다는 건
생각이나 방향이 같아서겠지요

돌아 볼 세월이 아직 여유 있다하니
따뜻한 기운은 바로 에너지가 됩니다
강물이 쉴 새 없이 물결을 만들 듯
우리도 서로의 버팀목으로 의지하며
쉼 없이 꿈을 나눠요
세상을 순례하는 마음으로 말입니다

석양의 파노라마

한편의 결 같은 시로 다가온다
석양의 내면을 파노라마처럼
물들여 주는 조각 구름들
황홀한 색감 속으로
천천히 걸음을 옮긴다

고단한 사람들의 삶도
고고한 자태를 뽐내는 삶도
물속에 비치면 따뜻한 동행
공식처럼 연출하며 지는 해는
갇힌 생각 버리고 욕심도 함께 내린다
그 안에서 나를 찾아가는 의미는
바로 우리 삶의 본보기다

아름다운 본보기
뜨거운 가슴으로 희망을 포옹한다

가락의 향기를 맡는다

생의 어느 순간들을 예술적 치유로
앎을 나눠주는 장소에 왔다
봐도 모르고, 들어도 들리지 않는
마음의 감기가 항상 꽉 차 있다

헌데 어느 때부턴가
감기 기운이 살갑게 풀리더니
눈이 보이고 귀가 조금씩 들린다

신비롭다, 나를 점거한 음의 진동
갇혀진 몸에서 가락의 향기를 맡을 수 있다
구름이 떠다미는 음표의 절벽을
과감하게 뛰어내릴 수 있게
열정을 쏟아주는 뮤직스토리텔러
그가 아니었다면 난 아직도 콩나물 대가리는
내가 추구하는 삶과는 먼 이야기였겠지

파수꾼의 희망등식

바닷물길 따라 빛이 젊음을 불러들인다
미처 파헤치지 못한 생각도 따라온다

모람모람 쌓여있는
기억들이 넘쳐 어쩔 줄 모르는데
흘러온 모든 강물 받아들여도
바다는 넘치지 않는다

침묵하는 날개, 세대의 장벽을 날아오른다
그리움 한줄로 희망의 등식을 푸는 파수꾼

달빛이 흐르는 바다
다양한 무늬들이 앉는다
자신을 받아준 삶, 군중을 끌어안는다
숨어있는 추억들이 비는 소원이
파도에 번져나간다

향기가 운다

산책길에서 만난 찔레꽃
하얀 꽃잎 노랑수술 품어
향기의 진원지를 알린다

포근함 속에 담긴 사연
아픔의 향기 타고
이리도 애잔하게 다가올 줄이야

찔레꽃 향기 얇은 옷 입고
웃고 있는 모습이 좋아
'올 가을엔 캐다가 심어 달라했는데'

꽃잎 하나하나에 묻은 슬픔
감히 캐달라는 말은 못하겠어

곰삭은 늦봄이 고하는 들꽃들의 행진

의좋은 형제

그리움 수십 벌로
제 빛깔 찾고 있을 때
아픔과 고통까지 함께 해야 하는 서러움
이 모든 것이 상하 두 권의 시집
의좋은 형제로 태어나 세상의 빛이 되었네요

외로움으로 버텨온 애잔한 미련
철저한 고독으로 짜놓은 바다
"세상에서 가장 먼 길은
머리에서 가슴까지"라 했는데
그 멀고도 힘든 고독의 길
자신만의 리듬으로 제대로 견딘 숨결
또 다른 생명의 탄생 희망을 읽습니다

문자들의 행진

행복은 멀리 있는 것이 아니였군요
눈 돌리 곳마다 성취의 꽃송이가
송송 터지고 있네요

밝음을 몰라 어둠은 당연하다 신세타령만
드디어 문자들의 행진을 보며 체온이 올라간다
가나다라마바사 한글이 낙원의 평야를 이룬다
글밭에 앉아 연필로 생각을 옮겨놓는
활짝 핀 70대 꽃빛들이 줄을 이룬다

한 웅큼 이슬이 햇살에 사라지듯
무학문맹 일순에 사라진다

일일이 부탁하고 다니던 설움
읽을 줄도 쓸 줄도 모르던 눈 뜬 장님
버스정류장에서 번호판을 보며
행선지를 읽는다

꽃말에 기대어

바라만 봐도 마음 끄는 우아함
"당신의 마음은 진실로 고결하고 아름답다"는
꽃말을 간직하고 있는 큰꽃으아리
내가 유달리
관심과 사랑으로 귀히 여겼는데
웃자란 인동초가지 자르려다
깊은 상처를 너에게 안겼다

가냘픈 몸으로 덩굴에서 피워내는
너의 고결함에 맘 뺏겨 난 6월을 사랑했다
전지질 한 번의 잘못으로 만날 수 없다는 생각에
못내 애가 탄 누리달
너를 대신해 인사를 건네며 이렇게 볼 수 있으니
꽃말에 기대어 환한 웃음 짓는다

노을이 몸을 감출 때쯤
노랑나비 한 마리
너를 만나러 가야겠다
난 지금 무슨 생각을 하고 있지

꽃 진자리 다시 핀 꽃

가을이 익는 소리가 높아갑니다
낙엽이 되기 전 뜨겁게 달군 삶의
3차 과정을 거쳐야 성숙미가 나오겠지요
그건, 바로 아름다운 단풍으로 물드는 것입니다
나뭇잎이 꽃잎이 되기 위한 산고의 고통

지레 겁먹었던 지난 계절
비로소 내가 존재하는 이유를
다시금 느끼게 하는 소중함입니다
단풍의 일생이 나의 인생과 흡사하다는 생각에
조심스레 가을을 내 안에 들여놓습니다

숨 돌릴 틈 없이 바쁘다는 이유 아닌 이유로
철없이 보내 버린 나의 시간, 나의 계절
꽃진 자리 또 다시 꽃을 피울 수 있듯
따뜻한 햇살로 내 마음의 미끼를 덖어
행복의 옥타브를 높입니다
저 넓은 들판을 그리워하면서요

한 뼘 같은 세월에 쓴 웃음을

여름을 마중 나온 아름다운 노래네요
노랫말 하나하나에 배어있는
삶의 체감을 느낍니다

꿈의 조각들이
이제는 아련한 추억이 되어버린
신혼에서 칠십 고지에 닿아가는 여기
그려둔 그림들이 제 빛을 발하지 못해
더더욱 가슴 아리게 하는
푸른 달 부부의 날이네요

암·수나무 한그루 되어 우듬지를 찾기 위한
가장 아름다운 절정의 순간은 언제였는지
한 뼘 같았던 세월의 흐름을
조용히 지켜보며 입가의 쓴 웃음 짓습니다

그래도 마음은 순도 높은 5월 꽃향에 들떠
온몸으로 스며드는 석양 속에
머금었던 원색들을 하나씩 풉니다

한 번은 어린 시절로 돌아가고파

6부. 한번은 詩처럼 살고 싶어

숙제 같은 인생

바람 한 점 사이
자연의 어울림은 저마다의 추억을 불러
부딪치는 빛의 파장타고
그리움을 부르고 있습니다

이제 우리 삶도 늦가을 역을 지나왔습니다
숙제 같은 인생 잘하려고 꽤나 발버둥쳤죠
이제 눈곱만큼 남은 삶도
사그라짐에 익숙해져 갑니다

기쁨과 슬픔이 동시에
문을 나서는 것도, 하루를 보내는 것도,
날로 새로운 삶의 연장이라 여기며
걸음을 가볍게 해야겠지요

황혼이 다짜고짜 질문을 던지네요
'저무는 꽃노을이 아름답냐고'
이 세상의 축제, 아직은 진행 중이옵니다

어린 시절, 시간의 옷을 입히며

그 시절, 추억을 되돌아 볼 수 있는
기억이 있다는 것만으로
삶은 윤활유가 된다
소소한 일상 같지만
이 한 장의 사진은 문의마을의 기록이다
또한 우리에게 또 다른 역사로 길을 낸다

모자
모녀
문의의 찬바람
낡은 포대기에 업혀 있어도,
등 뒤에 감싸인 먼 훗날의 희망을 읽는다

대청호 허릴 휘감는
수몰 당시의 이 아이
지금쯤 몇 살이나 됐을까
처연히 내려앉은 햇살에 기대어
시간의 옷을 입혀본다

낱낱이 부서지는 기억들
한울타리 안으로 모이는
그 햇볕 나는 맘껏 만져본다

흑백이지만 생생하다
구름 한 점 없고
미세먼지라는 생소한 단어도
그 시절엔 없었다

마음 녹일 따뜻한 작품 한 점
역사의 흐름 속으로
아이와 함께 그 시절로 돌아간다

고공행진

진짜 오랜만이네요
덕분에 건강만큼은 고공행진입니다
사업은 예전 같진 않아도
그냥 그냥 억지 춘향이로
버텨 나가고 있습니다

인간의 욕심이 부메랑 된
무지막지한 ‘코씨’의 맹활약
자신이 있어야할 곳이 어딘지도 모르고
전세계를 이빨 쑤시듯이 쑤셔대니
불러다가 패 되지도 못하고 맞짱 뜨면
나보고 함께 살자 할 것 같고
머릿속부터 지진 나고 있어요

‘사회적 거리두기’라는 이 한 줄의 위력
마음의 태엽을 단단히 감아야 하는 새로운 문화
음성 자가 격리, 양성 확진자 생경한 단어들이
TV만 켜면 나오니 시키는 대로 해야겠지요
나, 원,
파랑새가 기쁜 소식 물고 오는 날이 언제려나

희망사항

점잖은 미소를 띤
손님이 오셨다
이리저리 살피다
골프 트로피를 들어 올리며 값을 묻는다

80이 훌쩍 넘은 듯한 노신사
꼿꼿한 허리에 단정하게 차려입은 모습
눈길을 모으게 한다
십여 년 뒤 나도 저랬으면 좋겠다

깔끔한 구두가 밖으로 나간 한참 후
사내아이가 헐떡이며 뛰어 들어 와
할아버지가 놓고 간 손가방을 찾으러 왔다

기나긴 세월을 심은
늙은 대나무의 슬픔인가
난들 별 수 있겠어

등짐에서 자유로움을

생각할수록 가슴 저미는 거죠
살아가는 동안 내안에 웅츠리고 있을 슬픔들이
애간장을 녹이며 돌아보게 하겠지요

사람에겐 망각이라는 것이 있다곤 하지만
제몫의 생이 있기에 선뜻 잊히진 않지요

고통의 터널은 과속해서라도
빨리 빠져나가야 등짐에서 자유로울 수 있어요

현실 너머에 있는
고통 없는 삶은 욕심이겠지만
다그치진 않을게요
감정의 휴식이 올 때까지요

추억이라 부르고 싶다

누구나 시대의 차이일 뿐
가슴속에 꼬오옥 간직하고픈
추억 하나쯤은 묻어 두고 있겠지요

세월의 흐름 따라
그 추억은 아픔이 될 수도 기쁨이 될 수도
때론 영원히 되새겨질
시네마처럼 거듭날 수도 있겠지요

삶의 공간 안에 찾아든
가슴 따뜻한 이야기
그 옛날, 덜 마른 기억과 삶의 흔적들 속에
이제는 추억이라 부르고픈 것들로
나를 채워나가겠지요

설령 주름진 세월이라 하지만
진입하는 70대의 시계가 빠르게 움직입니다
나직한 목소리 들려옵니다
평온함을 챙겨주는 주인공이 드디어 퇴장합니다

존재의 이유

힘내요
항암 별거 아닐 거에요
머리 빠지면 어때요
가발 쓰면 되고

제일 중요한 건 정신력이죠
항암 견뎌내려면
고통에서 앎을 행하며
제대로 먹어야 합니다

먹지 않으면 체력이 동나 항암 이기지 못해요
운동과 바른 식생활 병행하며
너와의 인연은 여기서 끝이다 선포하고
'니 죽고 나 살자'라는 굳은 각오만이
자신의 존재를 찾아 낼 수 있습니다
존재하는 모든 것에는 다 이유가 있다고
"아직은 살아가야할 이유가 더 많다"는
이 말 마음에 와 닿지 않나요

바람이 품은 날들

햇빛 사이를 들락거리며
바람을 품어 안은 꽃
꽃잎의 환한 웃음 생명의 숨결이다

햇살 드는 창에 기대어
바람이 챙겨주는 포근함에 안긴다
이제, 가슴 들뜨게 하는 삶의 질
저기 저 꽃마냥 연분홍빛이다

버거웠던 세월도
우주를 향해 꽃망울 톡톡 건드리자
자꾸 먹어가는 내 나이만큼의 꽃망울이 터진다

드디어 인생의 소중한 선물이 된
'삶'이란 글자는
주위를 환하게 밝히며 자리매김 한다

그것은 23초 정도 걸린다고

나가 화장실에서 어떻게 하는 줄 알아요
내 머리털 나고 요로코롬 자주 손 씻어 본 것은
아마도 처음일 거유

거울 쳐다보며 온몸으로 율동하는디 액션이 커요
"곰 세 마리가 한 집에 있어
아빠곰 엄마곰 애기곰
아빠곰은 뚱뚱해
엄마곰은 날씬해
애기곰은 너무 귀여워
으쓱으쓱 잘한다"

애기곰 할 때는 거품 잔뜩 부푼 손
머리위로 높이 올리면서 궁뎅이를 더 흔들어유
그러면 23초, 텔레비전에 나온 분은 그렇다고 했는데
아니 아니
난, 30초가 더 되는 것 같아요
나름의 비법 나만의 방법
어느 날 화장실 문을 잠그는 걸 잊은 채

하얀 거품 맘껏 살찌워 율동하는데
손님이 문 열다 놀라
다음은 상상하셔유
내가 나와서 한참 설명 하는데
괜실히 얼굴이 빨개지는 게

가깝게 살아야
'이슬'이라도 따 볼 텐데
광양 멀긴 멀어요잉
누가 뭐래도
매화는 본분에 충실하겠죠
가슴 속까지 파고드는
붉고 하얀 세상 그립습니다

이게, 청려장이라니

부지런한 우편집배원 덕분에
모닝커피를 마실 수 있었습니다
이제는 커피 생산지와 원두의 이름도
조금씩 눈에 익어갑니다

아직도 그 맛들은 제대로 구별 못하지만
행복의 맛만큼은 입안에서 구분할 수 있습니다

'에르하르트 톨레'의
울림 있는 싯귀도

박사님 글도
"문제란, 생각으로
해결되는 것도 아니며
문제로부터 한걸음 물러서서
빈 마음으로 고요히 머물 때
해답은 절로 해결됩니다"라는
이 말이 정곡을 찌르는 듯
눈이 크게 뜨입니다

전혀 느끼지 못했던

그리움의 정체가 무엇인지
확연히 알게 하는 순간순간들
만나서 수다 떨고
밥 먹고 차 마시고 하던
일상의 모든 일들이
그리움이 되어버렸네요

"종일토록 청려장 지팡이를 짚고
봄을 찾아다녔지만
뜻을 이루지 못하고 돌아와 보니
매화나무 끝에 봄이 와있다"는
이시진의 옛 시가 떠오릅니다

이 상황에서도 봄은 와 있네요

언젠가 옆 한의원에서 근무하던
동갑내기가 나에게 불쑥 내 밀어준
명아주 지팡이가 생각납니다

"중풍과 신경통예방에 좋고
가벼워서 이걸 짚고 다니면
명도 길고 잡귀를 물리친다기에"

내가 웃기고 앉았네
“멀쩡한 나한테 악담 하냐며”
받아 두었는데 이것이 ‘청려장’ 이라니

엘리자베스 2세 영국여왕이
하회마을을 방문하셨을 때
‘청려장’을 선물로 드리니 여왕이
“모양도 좋고 가벼워서 좋다는 찬사”를 하셨다고 하니

그 동갑내기 후일 나의 늙음을
미리 알고 중풍과 신경통예방 하라며 준 것이
이것 또한 그리움이 되네요

참으로 한 달이 빠른 것 같습니다
밤낮의 온도 차이는 있지만
꽃망울은 제법 벙긋했어요
만개하기 전 차 한잔 나눌 수 있으리라는
기대 속에 모닝커피 추가로 붓습니다

역시! 이 맛이로군

미지의 세계

그래
이제 7일 남았어
이체 시인은
'아쉬움도 미련도 그리움으로 간직하고'라는데
어느새 2020의 그리움이 물음표 하나 달게 한다
오늘 만큼은 아름다운 수식어들로
꽉꽉 채워 마음을 나누고 싶지
만날 건 만나야 하는 숫자 70
이체 시인의 '노년의 길2'가 크게 와 닿네
"붙잡고 싶었던
그리움의 순간들
매달리고 싶었던
욕망의 시간도
겨울 문턱에 서서
모두가 놓치고
싶지 않은 추억이다"
이제는 만날 수 없는 산문 같은 그리움의 60대
이즈음에선 성공했다 아니다가 아니로구나
인생 3막 미지의 세계를 향한 도전이

한 번은 詩처럼 삶을

정말 『한 번은 詩처럼 살아야한다』는
양광모의 시집 제목처럼 살고 싶었어요

“나는 배웠다”의 마지막 행
‘나는 내 삶을 사랑하는 법을 배웠다’는
이 한 줄에 무릎을 친다
바람과 인연, 용기종기 모인 깊은 울림
모두가 현실의 소중함을 일깨울 수 있었습니다

아 ~~
“살아가는 일이 시린 날이면 소주잔 두 개 들고
내게로 오라 우리 함께 시가 되자”는

이 싯귀를 혼자 둘 순 없죠 개강 전
소주잔 두 개 들고 이리로 오든, 그리로 가든
상큼한 시나리오 제대로 익혀
한 번은 詩처럼 삶을 논해봐야겠지요

2020. 12. 12. 속초 외옹치 앞바다 일출, 전율을 느끼며

단풍이 있는 풍경

2021년 1월 5일 초판 인쇄
2021년 1월 10일 1쇄 발행

지은이 허복조
만든이 박찬순
만든곳 예술의숲
등록 2002. 4. 25.(제25100-2007-37호)
주 소 · 충북 청주시 상당구 교서로 2
전 화 · 070-8838-2475
휴 대 폰 · 010-5467-4774
이 메 일 · cjpoem@hanmail.net

ISBN 978-89-6807-180-5 (03810)

이 도서의 국립중앙도서관 출판예정도서목록(CIP)은 서지정보유통지원시스템 홈페이지(http://seoji.nl.go.kr)와 국가자료종합목록 구축시스템(http://kolis-net.nl.go.kr)에서 이용하실 수 있습니다. (CIP제어번호 : CIP2020041508)